KB237303

문학과지성 시인선 50

크낙산의 마음

金光圭 詩集

自　序

　1983 년 가을부터 1986 년 봄 사이에 발표한
작품들 가운데서 61 편을 골라 세번째 시집을
엮는다.
　우리의 삶과 꿈은 동시대의 역사에 기록되
는 것보다 훨씬 예민하고 다양하게 각 개인의
생활 속에서 실현되거나 또는 좌절된다. 그러
므로 현실의 체험과 개인의 상상력이 결합된
문학 작품에는 어떤 형태로든지 그 사회의 모
습이 나타나게 마련이다. 비록 일관된 도덕적
정당성이나 논리적 통일성이 모자란다 하더라
도 나의 시집 역시 이러한 테두리를 크게 벗
어나지는 않으리라 믿는다.
　서투른 연대기를 넘어서려는 시도는 아직
뒤로 미루고 있다. 마음 놓고 늙을 수 있을
때쯤이나 그렇게 해 볼 생각이다.

1986 년　여름

金　光　圭

크낙산의 마음

차 례

I 옛 향로 앞에서

줄 타 기

보는 사람 없어도
장대를 들고 저마다
공중에서 줄을 탄다
수많은 줄들이 얽히고설켜
앞이 막히면 옆줄로 뛰고
설 때도 이리저리 옮겨 앉는다
줄과 줄 사이로
떨어지면
깊이 모를 어둠 속으로
사라져 버린다
너무나 많은 줄들이 얽히고설켜
때로는 땅바닥처럼 든든한 것 같지만
한눈을 팔다가
헛디디면
거기서 끝장이다
떨어지지 않으려고
기우뚱거리는 몸을 가누며
저마다 아슬아슬하게
외줄을 탄다

옹 달 샘

오늘은 코카콜라 대신
물을 마신다
바위 틈에서 샘솟는
차가운 맹물을 마신다
합성수지 표주박으로
한 바가지 가득 떠서
오랫동안 잊었던 물
마시는 법을 배운다
맑은 물에 나뭇잎 띄우고
마음 나누던 사람들
가 버린 지 오랜 샘터에서
오늘은 석유 묻은 손으로
물을 마신다
돈을 내지 않고
누구의 허락도 받지 않고
차가운 맹물을 혼자 마신다

손가락 한 개의

우연히 마주친 눈길이
나침처럼 한동안 떨렸다
열린 채 닫혀 있는 곳
팽팽하게 가득 채우며
끝없이 깊게 그러나
손가락 한 개의 길이로
겹쳤을 때
온 세상이 몸을 뚫고
뜨겁게 지나갔다
지나간 세상의 어느 곳엔가
가 버린 시간의 언제쯤엔가
아슴푸레 눈길 멈추고
목 매달려
한동안 지났을 때
끝없이 멀리 그러나
손가락 한 개의 사이를 두고
땅에 닿을 듯 말 듯 두 발이
차갑게 늘어졌다

홰 나 무

　밤마다 부엉새가 와서 울던 그 나무를 동네 사람들은 홰나
무라고 불렀다.
　홰나무는 우물가에 넓은 그림자를 던져 주었다.　두레박이
없어지고, 펌프가 생기고,　뒤이어 공동 수도가 설치되었던
그 자리에 얼마 전에는 주유소가 들어섰지만, 홰나무는 오늘
도 변함없이 그 자리에 서 있다.

　6·25 때는 홰나무 아래 폭격맞은 군용 트럭의 잔해가 오랫
동안 방치되어 있었다.　고철 장수가 쓸 만한 부속품들을 뜯
어간 뒤,　아이들의 장난감이 되어 버린 그 커다란 쇳덩어리
는 3년 가까이 시뻘겋게 녹이 슬다가 마침내 해체되어 사라
졌다.
　홰나무에도 파편이 몇 개 박혔는데, 그 쇳조각들은 차츰 녹
아서 수액으로 흡수되고,　그 자리에 옹이가 생겨났다.　언제
부터인지 거기에는 자연 보호 팻말이 붙어 있다.

　홰나무를 바라보면 지금도 그 거대한 나무를 만지고 싶고,
그 나무에 기대고 싶고,　기어 올라가고 싶고,　때로는 그 나
무의 뿌리나 가지가 되고 싶어진다. 그리고 부리나케 걸음을
재촉하거나, 택시를 타고 그 앞을 지나갈 때면, 부끄러운 느

14

낌이 든다.
　왜냐하면 움직이는 것은 바로 저 홰나무이고, 예나 이제나
한자리에 서 있는 것은 정작 나 자신이라는 생각이 자꾸 떠
오르기 때문이다.

살   피

산등성이 비탈에
키작은 참나무 한 그루
눈 비 바람에 옹이지고
오가는 손찌검에 시달리며
벌써 몇 백년인가
그 자리에 뿌리박고 서 있다
돌도 쇠도 믿지 않고
오직 사람만 믿어
종달새 노래 아래
나무 한 그루 심고
아무런 다툼 없이
살피로 삼은 옛 마음

그　　림

240호짜리 그 거대한 유화를
누가 모를 것인가
너무나 유명한 그 작품을
모두들 오랫동안 바라보았다
그것은 이미 그림이 아니었다

전혀 알려지지 않은
조그만 수채화 하나를
어느 소도시의 미술관에서
우연히 만났을 때 나는
오롯한 기쁨에 잠겨
혼자서 오랫동안 바라보았다

아무에게도 말하지 않았다
이름 없는 그림 하나가
소문도 없이
나의 눈길을 따라
마음속으로 들어왔음을
누가 알 것인가

남겨 놓기

스무 해 넘도록 피운
담배를 몇 개비 갑 속에
남겨 놓은 채
제법 여유있게 끊어 버렸다

아직도 못 갚은 빚이 있고
끝내야 할 일이 많은데
가족과 약속과 사랑
남겨 놓은 채
아쉽게 이승을 떠나듯

유언을 생각하기 전에
마시던 포도주 반 병쯤
남겨 놓은 채
이제 마지막으로
술을 끊어야겠다

목숨걸고 잡은 힘과 돈도
얼마쯤 남겨 놓은 채
이처럼 버릴 수 있다면
버리고 떠날 수 있다면

1과 2

요즘도 그를 그리워하는 사람이 꽤 많다.

일찌기 감옥에서 젊은 날을 보내고, 만주로 건너가 일본 관헌에게 쫓기던 그는 고량주 한잔 제대로 마신 적 없고, 집에도 소식 한번 전하지 못했다고 한다.

아무리 세상이 바뀌어도 먼 앞날을 생각하는 마음 변함 없던 그가 총탄에 쓰러진 지 벌써 반 세기.

오늘도 살아 있다면 그는 80객 할아버지가 되어, 경로 우대증을 가지고 버스나 지하철을 타고 다니며, 우리를 손자처럼 사랑했을 것이다. 적어도 우리를 말단 부하나 사병, 또는 단순한 소비자로 여기지는 않았을 것이다.

이제는 그를 미워하는 사람도 별로 없다.

일찌기 그는 군포역에서 어느 지주집 소작료인 줄 알고 공출미를 가로챘다가 왜경에게 붙잡혀 혼이 났었다.

해방이 되자 검은 안경을 쓰고 다니며 자기의 전과를 자랑하고, 적산을 불하받아 한 밑천 잡았다. 6·25 동란 때는 기름장사로, 4·19 이후에는 쌀장사로 돈을 벌고, 세상이 바뀔 때마다 부동산을 사들였다.

내가 이 재산을 죽어서 가지고 가겠느냐고 그는 입버릇처럼 말한다. 여러 가지 보약을 많이 먹었을 테니, 앞으로도 그가 오래 살 것은 틀림없다.

뒷 모 습

넥타이를 매고
두 눈을 똑바로 뜬
그의 정면 상반신을
나는 많이 보았다
(앞에서 똑바로 본다면
누가 그를 모를 것인가)
그는 가끔 옆모습을
보여 준 적도 있다
그러나 그의 뒷모습을
본 사람은 드물 것이다

사람의 뒷모습이
눈에 띄어 어느날
그의 뒷모습을 보았을 때
말없이 그가
무엇을 생각하는지
어렴풋이 알게 되었다
(나의 뒷모습도
누군가 보고 있겠지)
요새는 그의 앞모습이

낯설어지고 구부정한
그의 뒷모습을 보면
오래된 거울을 볼 때처럼
내가 문득 서글퍼진다

겨울 밤

눈덮인 뒷산 참나무골에서
들짐승 울음 소리 들려 오던
겨울 밤
마을갔다 돌아온
아버지 기침 소리에
싸리문 빗장이 걸리면
뜨겁게 군불을 땐
온돌 바닥에 몸을 구우며
할머니의 옛날 이야기를 듣다가
아이들은 편안하게 잠이 들었다

자동차 소리 시끄럽고
가로등 환한 아파트촌의
겨울 밤
난방은 잘 들어오고
스틸 도어는 굳게 잠겄지만
까닭 없이 자꾸 두려운 마음
전화가 울려 올 때마다
초인종 소리가 날 때마다
불안해지는 애비를 믿고
식구들은 혼곤하게 잠이 들었다

넓고 큰 하늘

흔히들 생각하는 바와는 달리 직업이란 결코 본인이 선택할 수 있는 것이 아니다.

막벌이꾼이나 노점상의 경우는 말할 것도 없고, 돈깨나 있고 공부깨나 했다는 위인들도 스스로 원하는 직업을 갖고 살아가기는 어렵다.

예컨대 식품 제조업으로 성공한 이○팔 씨는 국회의원에 출마했다가 낙선하여 재산을 모조리 날렸다. 그는 대명식품 사장으로 만족했어야 한다.

그러나 경찰 출신으로 문교상이 되는 수도 있고, 직업이 원래 의사였던 사람이 혁명가가 되어 한 나라의 운명을 바꿔 놓을 수도 있었던 사실을 생각한다면, 그가 정치에 손을 댄 것이 반드시 잘못이라고만 할 수도 없다.

기자를 직업으로 삼았던 김문○ 씨는 신문사를 쫓겨난 뒤 생계를 위하여 출판사에 취직했었다. 그런데 책을 만들어 돈을 번 그 출판사가 전자 산업에 뛰어들어 홀딱 망하는 바람에 그는 또 직업을 잃었다. 한번 선택했다가 여러 번 잃는 것이 그에게는 직업이 되고 만 셈이다.

○홍섭 씨는 아침 일찍부터 밤 늦게까지 쉬지 않고 일하는 부지런한 농민이었다. 염소도 기르고, 특작물 재배도 하고, 유실수도 심어 보았으나 예기치 않았던 가격 폭락으로 매번 실패하고 말았다. 농토마저 공업 단지에 수용되었으므로, 그는 요즘 도시 변두리에서 연탄장사를 하며 살고 있다.

박○호 씨는 어느 모로 보나 상인으로 대성했을 사람이다. 하다못해 잡화상이라도 한 군데 차렸어야 옳다. 그런데 왜 하필이면 가장 그답지 않게 대학 교수가 되었는지 모르겠다. 정작 훌륭한 훈장이었던 그의 동료는 본의 아니게 중도에서 대학을 떠나야만 했었는데.

명예로운 군인이 되었어야 할 사람이 권력을 장악하고 국정을 좌우하다가 마침내는 민주주의의 반역자가 되어 버리는 경우는 특히 남미에서 많이 볼 수 있다.

탁월한 정치학자나 유능한 경영인이 무능한 관리나 부패한 행정가로 전락하는 예는 동남아 지역에서 자주 발견된다.

좋은 작품을 쓰던 시인이나 작가가 어떤 이념의 추종자가 되거나 특정한 종교의 신자가 된 다음부터 아예 어떤 운동가나 지사, 또는 광신도로 변신해 버리는 수도 물론 있다.

  위와 같은 현상에서 알 수 있듯이 제자리에 있어야 할 사람이 제자리에 있지 못하고 오히려 엉뚱한 생업에 종사하다가 일생을 마치는 수가 많다. 안타까운 일이다.

  이것도 결국은 넓고 큰 하늘의 뜻일까.

목숨을 기르는 일꾼

도급기로 벼를 훑고
도리깨로 이삭을 털고
길마에 실어 나른 적도 있었다
요즘은 탈곡기로 나락을 털고
경운기로 거두어 들인다
겨울에는 새끼를 꼬거나
가마니를 짜는 대신
비닐하우스에 특작물을 재배한다
두엄보다 비료를 사다가 쓰고
농약을 많이 뿌리는 것도 사실이다
그러나 우리의 가족은 옛날이나
지굼이나 변함 없이 여러 식구다
하늘은 아버지
땅은 어머니
밭은 아들
논은 딸
소와 돼지와 닭과
소나무 참나무 미류나무들 데리고
못박인 손으로
눈 비 바람 가리며

순박하고 억세게 살아간다
모두가 한마음 한몸뚱이
상사도 부하도 없고
명령도 복종도 없고
누구에게 굽실거릴 것도 없다
주말에 잠깐 달려와
무덤 앞에 엎드려 절하면서
땅값을 계산하고
죽어서야 흙의 품에 돌아와
잊었던 혈육과 만나는 사람들은
도시의 고층 아파트에 갇혀
저마다 혼자 외롭겠지만
우리는 목숨을 기르는 일꾼
예나 이제나 다름없이
온 가족이 한울타리
한마을에 모여서 산다

끝　내　기

　할아버지가 열여섯 살 때 아버지를 낳고, 아버지가 선산 김
씨댁 딸을 맞아들여 삼남사녀를 얻고, 내가 학교를 졸업하고
병역을 마친 다음, 미스 정과 결혼하여 한 가구의 세대주가
되었듯이

　아침 일찍 일어나 세수하고 밥먹고 출근하여 하루가 시작
되고, 퇴근하여 술 한잔 하고 집에 와서 신문 보고 발 씻은
다음 잠자리에 들어가 하루가 끝나듯이

　또는 마이크 실험이 끝나고 개회사로 시작되어, 국민 의례
애국가 봉창 회장 식사 내빈 축사 결의문 낭독 만세삼창 폐
회사로 단합 대회 행사가 막을 내리듯이

　모든 일이 시작하여 끝날 때까지 순서대로 진행된다면 세
상은 얼마나 평온할까.
　그런데 언제 시작해서 언제 끝날지 모르고 계속해서 살다
보면 인생은 시작과 달리 그 끝이 자주 들쭉날쭉함을 알 수
있다.

　예컨대 할아버지는 우리 집안의 기틀을 잡은 분이었는데,

아주 오래 살았다.

할아버지가 작고한 뒤 삼년 만에 할머니가 세상을 떠나자, 아버지가 집안에서 가장 나이든 어른이 되었다. 마치 아버지의 위에 하늘이, 아버지의 아래 땅이, 아버지의 뒤에 죽음이, 아버지의 앞에 우리 가족이 있는 것 같았다.

한동안 그렇게 살다가 어머니가 먼저 사망하여 계모를 맞아들였고, 그 다음에는 아버지와 큰형이 한꺼번에 급서하여 집안을 혼란에 빠뜨렸다.

그리고 이 혼란은 오래 되자 정상으로 굳어지게 되었다.

흔히 시작이 반이라고 말하지만, 사실은 모든 일이 시작은 쉽고, 끝내기가 어려운 것 같다.

순서대로 끝내기는 마음대로 안 되고, 스스로 끝내기는 더욱 힘들다.

옛 향로 앞에서

그때라고 지금과 달랐겠느냐
누구나 태깔 곱게 잘 빠진
예쁜 향로를 좋아하고
소중히 간직했을 것이다
하지만 800년이 흘러간 뒤
그때의 구름과 연꽃을 보여 주는 것은
빼어나게 아름다왔던
청자상감 유개향로가 아니다
굽다가 터지고 일그러져
향불 한번 못 피우고
어느 도공의 집 헛간에서
발길에 채이며 뒹굴었던
바로 이 못생긴 4각 향로 하나가
그 오랜 세월을 견디며
오늘까지 이 땅에 살아 남아
찌그러진 모습 속에
고려의 하늘을 담고 있구나

Ⅱ 매미가 없던 여름

가을 하늘

구름 한점 없이
파란 가을 하늘은
허전하다
땅을 덮은 것 하나도 없이
하늘을 가린 것 하나도 없이
쏟아지는 햇빛
불어오는 바람

하늘을 가로질러
낙엽이라도 한잎 떨어질까봐
마음 조인다

얼마나 오랫동안
저렇게 견딜 수 있을까
명령을 받고
싹 쓸어 버리기라도 한 듯
구름 한점 없이
파란 가을 하늘은
두렵다

크낙산의 마음

다시 태어날 수 없어
마음이 무거운 날은
편안한 집을 떠나
산으로 간다
크낙산 마루턱에 올라서면
세상은 온통 제멋대로
널려진 바위와 우거진 수풀
너울대는 굴참나뭇잎 사이로
삵괭이 한 마리 지나가고
썩은 나무 등걸 위에서
햇볕 쪼이는 도마뱀
땅과 하늘을 집삼아
몸만 가지고 넉넉히 살아가는
저 숱한 나무와 짐승들
해마다 죽고 다시 태어나는
꽃과 벌레들이 부러워
호기롭게 야호 외쳐 보지만
산에는 주인이 없어
나그네 목소리만 되돌아올 뿐
높은 봉우리에 올라가도

깊은 골짜기에 내려가도
산에는 아무런 중심이 없어
어디서나 멧새들 지저귀는 소리
여울에 섞여 흘러가고
짙푸른 숲의 냄새
서늘하게 피어오른다
나뭇가지에 사뿐히 내려앉을 수 없고
바위 틈에 엎드려 잠잘 수 없고
낙엽과 함께 썩어 버릴 수 없어
산에서 살고 싶은 마음
남겨둔 채 떠난다 그리고
크낙산에서 돌아온 날은
이름없는 작은 산이 되어
집에서 마을에서
다시 태어난다

해안 초소에서

하루에 두 차례씩
부풀어오르는 갯고랑
건너편은 충청도 당진 땅이다
나문재기 망둥이 모두 물에 잠기면
떨어져 나간 맞은 쪽은
갈 수 없는 고향이 된다

시멘트를 비벼 바른 새마을 길로
돼지를 실은 경운기 지나가고
텃밭에는 온통 특작물 하우스
앞마당의 송아지와 닭들 한가롭고
뒷동산 소나무 위로
왜가리 몇 마리 날고 있구나

물이 빠지면 지저분한
개펄로 건너편과 이어지는
이쪽은 경기도 평택 땅이다
나뉘지 않은 땅으로는
아무도 숨어 들어올 수 없으므로
갯가의 소금내만 멀리 퍼진다

아이들의 결정

이곳이 비록 바닷가에 외따로 떨어져 있는 조그만 분교라 하더라도, 전투기들의 연습 작전 목표가 되는 것은 부당한 일이다.

느닷없이 시커먼 비행 물체가 곤두박질쳐 내려올 때는 가슴이 섬뜩해지고, 그 폭음 때문에 수업이 몇 번씩 중단되곤 한다.

가르치는 어른이나 배우는 아이들이나 괴롭기는 마찬가지다.

이 짓을 막아 보려고 관계 요로에 몇 차례 진정했으나, 아무런 성과도 없었다.

어른도 마음대로 할 수 없는 일이 세상에는 너무 많다는 것을 아이들은 이미 알고 있었다.

그래도 아이들에게는 샘솟는 희망이 있어, 오늘은 먼나라 대통령에게 편지를 쓰기로 결정했단다.

아이 비 엠

지금은 20세기의 4사반기
정보 산업의 시대다
가볍게 키보드를 두드리면
온 세상이 컴퓨터에 들어간다
전자 두뇌의 힘으로
적의 동태를 파악하고
납세 예상액을 계산하고
정밀 제품을 만들기도 한다
전지전능한 컴퓨터는
모르는 것이 없다
〈아는 것이 힘〉이라는
나의 신조까지도 알고 있으니 말이다
디자인도 산뜻한 이 전자 두뇌를
움직이는 것은 그러나
첨단 기술과 외국 자본이라기보다
소리 없이 반도체를 흐르는
국산 전기의 힘이다
자료를 입력할 힘이 없거나
정보를 출력할 힘이 없다면
아는 것도 힘이 될 수 없기 때문이다

가볍게 키보드를 두드리면
〈힘이 곧 아는 것〉이라고
나의 신조를 고쳐서
컴퓨터는 가르쳐 준다

사 오 월

언제부터인가
4월은 해마다 오기만 하고
가지 않는다
진달래 개나리 곳곳에 피어나고
라일락 향기 깊어지면
찢어져 바랜 깃발 다시 펄럭이고
옛날에 다친 허리 뜨끔거린다
멍든 뼈 마디마디 쑤시고
말라붙은 검은 상처에서
피가 다시 흐른다
재발인가 아니면 부활인가
아카시아꽃 흐드러지게 피고
뻐꾸기 울음 소리 구슬픈 날은
못자리 짙푸른 논둑길로
관을 든 여자들이 지나가고
숲속이나 길가의 쓰레기터에서
수의도 못 입은 시체들이 일어선다
잠들지 않고
썩지 않고
잊혀지지 않고

세월만 자꾸 쌓여 간다
언제부터인가
5월은 해마다 오기만 하고
가지 않는다

사 물 놀 이

장구와 꽹과리
징과 북이 어우러지면
언제 어디서나 똑같은 소리

길놀이 한판 끝나면
청바지 입은 아이들은
탈춤을 배우고
안경 쓴 어른들은
뉴스위크를 읽는다

스물 다섯 해 동안 변함없이
아이들은 자꾸 젊어지고
어른들은 점점 늙어가고

시월의 거리

　지하도 계단에서 동전을 구걸하던 외다리 노인, 가로수 밑에서 오징어와 땅콩을 팔던 아주머니, 육교 위에 엎드려 콧물을 흘리던 앵벌이, 골목 입구에서 해삼과 멍게, 돼지갈비와 막소주를 팔던 포장마차 아저씨, 은행 신축 공사장 옆에서 흘러간 옛노래를 부르던 장님 부부, 모두들 갑자기 자취를 감추었다.

　그들이 사라진 휑뎅그렁한 거리에 사복 경찰들이 서성대고, 백화점 앞에는 성경과 십자가를 든 젊은 전도사를 세워 놓았다.

　청소부들은 밤 아홉시에 출근하여 밤새도록 쓰레기를 치우고 길을 쓸었다.
　눈에 띄게 깨끗해진 거리로 몰려 다니며 외국인들은 사진을 찍고 쇼핑을 했다.
　그리고 고급 호텔에서는 저녁마다 호화로운 리셉션이 열렸다.

　집이 없는 사람들, 빚을 얻을 수도 없는 사람들, 하루 벌어 하루를 살다가 거리에서조차 쫓겨난 사람들은 이제 올림픽 복권을 더 많이 사는 수밖에 없게 되었다.

보따리나 가방을 든 경우

1

살기가 괜찮은 사람들은
대개 자기 차를 가지고 있으므로
겨울에도 외투를 입지 않고
맨손으로 다닌다

살기가 어려운 사람들일수록
겨울에는 옷을 두둑이 껴입고
그래도 추워서
어깨를 웅숭그리고
항상 무엇인가 들고 다닌다
보따리를 양손에 들고
붐비는 버스나 전철 속에서 시달리고
가까운 거리는
아예 걸어 다닌다
신발이 빨리 닳고
옷이 쉽게 해지고
금방 배가 고파져서
살기가 어려운 이 사람들은

비록 겉모습이 초라해 보여도
대중 음식점이나 소매상을
자주 드나드는
중요한 손님들이다

살기가 괜찮은 사람들이
자주 드나드는 값비싼 상점이나
외국 바이어들이 묵는
고급 호텔 입구에서는
보따리를 든 손님들을
좋아하지 않는다

2

부지런히 공부하는 믿음직한 학생은
항상 책가방을 들고 다닌다
옷차림이 때로는 허술해 보여도
들고 다니는 가방 속에는
소중한 책과 노트
사전과 도시락이 들어 있어

묵직하고
불룩하다

아무것도 들지 않고
맨손으로 다니는 학생일수록
대개 겉모습은 말끔해 보여도
머리와 가슴 속이
텅 비어 있어
위험하고
의심스럽다

그런데도 지하도 입구에서는
부지런한 학생이 든
묵직한 가방을
위험하게 여기고
불룩한 가방을 든
믿음직한 학생이
의심받는다

매미가 없던 여름

깜나무에서 노래하던 매미 한 마리
날아가다 갑자기 공중에서 멈추었다
아하 거미줄이 쳐 있었구나
추녀 끝에 숨어 있던 거미가
몸부림치는 매미를 단숨에 묶어 버렸다
양심이나 이념 같은 것은
말할 나위도 없고
후회나 변명도 쓸데 없었다
일곱 해 동안 다듬어 온
매미의 아름다운 목청은
겨우 이레 만에
거미밥이 되고 말았다
그렇다 걸리면 그만이다
매미들은 노래를 멈추고
날지도 않았다
유달리 무덥고 긴 여름이었다

이 세상에서 일어나는 일

이 세상에서 일어나는 일을 모두 알 수는 없다. 그 가운데는 꼭 알아야 할 일도 있고, 또 몰라도 될 일도 있을 것이다.

아버지는 할아버지로부터 물려받은 농토에 공장을 짓고 최신 전자 제품을 생산해냈다. 어머니는 늙은 시부모를 모시려 하지 않았다. 아버지가 번 돈으로 골동품을 수집하고, 부동산을 매입하고, 투자 금융 회사에 드나드느라고 어머니는 너무 바쁘다는 것을 나는 몰랐었다.

한 반에 70명이나 되는 어린이들을 제 자식처럼 돌보면서 열심히 가르쳐 준 국민학교 때 선생님을 지금도 잊을 수가 없다. 선생님은 슬하에 5남매를 두었는데, 모두가 중고등학교를 중퇴하고 말았다.
성적이 나빠서가 아니라, 돈이 없어서 그랬다는 것을 나는 몰랐었다.

남편이 외국에서 고생하는 생각을 하면 잠이 오지 않는다고 이웃집 아주머니는 말했다. 그래도 친목계에 부지런히 나가면서 집을 늘리고 자동차 운전까지 배워두었다. 남편이 돌아올 날만 기다리던 그녀는 어느날 갑자기 쓰러졌다. 그집

아들이 데모를 하다가 붙잡혀간 것을 나는 몰랐었다.

　누이는 봉제 공장 직공으로 하루에 3교대로 일한다. 잔업을
마치고 숙소에 돌아오면 잠자기도 바쁘다. 연애할 시간도 없
다.
　형은 무역회사 세일즈맨으로 하루 14 시간을 뛰어다니고,
밤에는 나무토막처럼 쓰러져 꿈 없는 잠을 잔다. 무엇 때문에
살고 있는가 생각해 볼 틈도 없다.
　누이가 만들고 형이 판매하는 제품들이 그렇게 싼 값으로
팔리는지 나는 몰랐었다.

　이 세상에서 일어나는 일을 모두 알게 된다면, 세상은 오
히려 재미 없고, 살맛이 나지 않게 될지도 모른다.
　그러나 꼭 알아야 할 일은 알아야 할 것 아닌가.

책 노 래

혁명이란 위험한 짓
금지된 장난이다
그러나 역사를 보라
일찌기 끔찍한 혁명이 없이
위대한 나라
새로운 시대가
탄생한 적 있는가

위대한 생각을
새로운 언어로
기록한 것이 훌륭한 책이라면
그것은 앞으로 역사를 이끌어갈
머리의 힘
마음의 꿈이다

그러나 혁명을 일으킨 자들은
언제나 혁명을 가장 두려워하고
천성이 책을 좋아하지 않아
훌륭한 책을 읽는 대신
금지할 책을 골라낸다

그리하여 책을 금지한 자들은
생각과 느낌마저 금지하고
〈책을 불태운 자들은
마침내 사람마저 불태우고〉
결국은 스스로 파멸한다
역사를 돌이켜보라
禁書와 焚書는 혁명보다도
위험한 장난 아닌가

믿을 수 없는

그는 1897년 라인란트에서 태어났다.

25세 때 국가 사회주의 독일 노동당에 가입, 4년 만에 나찌스의 베를린 대관구 지도관이 되었고, 나찌스 기관지 『안그리프』의 편집국장으로 6년간 활동하였으며, 1933년 히틀러가 집권하자 국민 계몽 및 선전 담당 장관이 되었다.

검열, 금지, 수색, 압수, 분서, 연행, 구속, 투옥, 처형 등을 통하여 그는 문학·예술·언론·방송·영화 등 거의 모든 문화 공보 분야를 획일적으로 탄압·통제하였다.

그는 또한 유태인 박해의 선봉이기도 했다.

독재자에 대한 그의 충성과 파시즘에 대한 그의 신념이 얼마나 투철했던가 하는 것은, 히틀러가 유언에서 그를 수상으로 임명해 둔 사실을 보아도 알 수 있다.

1945년 제3제국이 패망하자 그는 베를린에서 가족과 함께 자살했다고 한다.

그러나 믿을 수 없는 일이다.

지금도 그는 자기보다 훨씬 젊은 나이로 이 세상 곳곳에서 활약하고 있지 않은가.

땅 울 림

무너진 초가집 몇 채 남기고
모두들 도시로 떠나 버렸다
비록 메마르고 거친 땅이지만
평당 만원이면 싸지 않은가
(우선 사놓고 보자)
서민 아파트를 지어 볼까
쾌적한 전원 도시를 건설해 볼까
공업 단지나 관광 단지를 앉혀 볼까
고속 탄환열차를 운행해 볼까
미래의 우주 공항 기지를 만들어 볼까
벌써 측량대가 꽂혔다고
소문은 어느새 바람보다 빨리 퍼진다
복덕방이 수없이 들어서고
고급 승용차가 줄지어 몰려들고
땅값은 금방 열 배로 뛰어오른다
평당 십만 원이면 괜찮지 않은가
(후딱 팔아 치우자)
뒤따라 모든 소문이 자취를 감추고
변함없이 버려진 땅에서
세금만 더 많이 징수된다

이사장에게 묻는 말

가슴 가득히 훈장을 단 당신은
담배를 피우며 회고했다
〈그것은 나의 잘못이 아니었다
전쟁터에서는 아군이 아니면 적군이다〉
명령을 내리기 전에 당신이
파이프를 한대 더 태웠더라면
오늘이 조금 달라졌을까

아침마다 승마를 하고
주말에는 골프를 치면서
요즘도 당신은 퇴역 사성 장군은
이 세상의 모든 사람을
적 아니면 동지라고
믿고 있는가

그렇다면 복덕방 김 영감은
적인가 동지인가
오너드라이버가 된 이 과장은
엘리베이터를 기다리는 미스 박은
도서관에 가득한 저 학생들은

과연 동지인가 적인가
공판장의 정 서방은
생산부의 최 기사는
거동이 수상한 저 청년들은
적인가 동지인가
거리에 정거장에 백화점에 넘치는
저 많은 사람들은
그리고 지금은 이사장이 된 당신 자신은
도대체 동지인가 적인가

공표 또는 가위표

미리 주어야 한다고
사람들은 말했다
끝난 다음에 주는 것이
우리의 예의 아닌가
나의 생각은 옳았다
그들은 아무런 내색도 없이
터진 수도관을 고치고
막힌 하수구를 뚫고
끊어진 전선을 연결하고
새로 지은 집을 재어 보고
도난 사건의 현장에 출동했다
그들이 말없이 돌아간 뒤 그러나
수압이 약해 물은 나오지 않고
길바닥으로 구정물이 넘쳐 흐르고
계량기는 엄청나게 돌아가고
준공필증은 나오지 않고
도둑은 낮에도 나타났다
사람들의 말이 옳았다
시작하기 전에 받는 것이
그들의 관습이었다

누구나 떳떳하고
평화롭게 살아 가려면
예의를 지키는 것이 옳은가
관습을 따르는 것이 맞는가

유산 상속의 노래

제각기 이 세상에 태어나
제 나름대로 살아가는 사람들이
각자 자기의 입장료를 내고
오후 7시에
세종문화회관에
모인다 무대 위에
체구와 음성과 분장과 의상이 다른
네 사람의 남녀가 등장
같은 시간에
같은 장소에서
제각기 다른 목소리로

딸은 아버지를 잃어서 슬퍼하고
아들은 재산이 생겨서 기뻐하고
사위는 장자 상속의 부당성을 주장하고
며느리는 보석상에 진 빛을 갚아 달라고 호소한다

제각기 다른 목소리로
제 나름대로 절박한 사연을
노래하는 이 장면은

시끄러울 뿐만 아니라
별로 아름답게 보이지도 않고
1980 년대의
서울과
전혀 다른데
오랫동안 박수가 나올 만큼
감동적인 까닭은
무엇 때문일까

새   문

일년에 한번쯤 한 사람이
드나들기 위하여
저렇게 커다란 정문을
한가운데 만들어 놓고
열두 명의 수위가 밤낮으로 지킨다
〈정문 사용 금지〉
보통사람은 절대로
드나들 수 없는
저 으리으리한 정문을 보아라
한 사람이 들어가기에는
너무 크게 열려 있고
다른 사람들에게는
언제나 닫혀 있다

열기 위해서가 아니라
닫기 위해서 있는
드나들기 위해서가 아니라
가로막기 위해서 있는
저것은 우리에게
문이 아니라

벽이다
우리를 가로막는
저 벽을
허물어뜨리자

아무도 밟지 못하게 하는
저 대리석 계단을
없애 버리자
아무도 가까이 갈 수 없는
저 화강암 기둥을
뽑아 버리자
아무도 드나들 수 없는
저 육중한 쇠문을
부숴 버리자

그리하여 없애 버리자
우리가 사용할 수 없는
저 큰 문을
없애 버리고 차라리
거기에다 벽을

만들자
그리고 그 벽에다
새로 문을
만들자
누구나 드나들 수 있는
그런 문을 만들자

O씨의 직업

우리 동네 O씨는
직업이 무엇일까

집 앞에 유달리 환한
방범등이 달려 있을 뿐
출퇴근이 분명치 않고
길에서 만날 수도 없어
그의 신분을 알 수 없었다
어느 날 그러나 동네 입구에
〈O喪家〉라는 화살표가 나붙자
좁은 골목 가득히 검은색
관용차들이 몰려들었다
눈빛 날카로운 인물을 한 명씩 태운
고급 승용차들이 사흘 동안 꼬리를 물고
왔다가
곧 되돌아갔다
택시를 타고 오거나 걸어서
문상오는 사람은 없었다

아 이제야 알겠다
O씨의 직업이 무엇인지를

Ⅲ 오늘처럼 추운 날

꽃과 열매

개나리
진달래
활짝 핀 날은 해마다
흐리고
바람불거나
비 나린다
꽃은 떨어져 짓밟히고
향기는 젖어 독가스처럼 퍼진다
날이 개면
봄은 이미 가 버리고
농약 뿌린 나뭇가지마다
똑같은 열매가 달린다
젊음을 놓치고
짓밟힌 꽃과 떨어진 열매는
썩어서 오히려
거름이 된다고 하자
가을에 익은 탐스런 열매는
그러나 누가 따먹느냐

사 랑 니

귀찮은 것
빼어 버리지
충치만 생기고
어금니를 괴롭히는
사랑니는 빼어 버려
철이 들면 무엇해
씹지도 못하는 걸
(의사의 말은 언제나
의학적으로 옳다)
하지만 빼어 버리는 것도
고치는 것일까
(겁 많은 환자에겐 으례
어리석은 고집이 있으니까)
잠 못 자게 괴롭히는
미운 이빨을 그래도
나는 버리지 않을 테야
비록 귀찮은 사랑니지만
내 몫의 아픔을 주는
내 몸의 일부인 것을
내가 아니면 누가

씹으며 지그시
참을 수 있겠어
간직할 수 있겠어

나무처럼 젊은이들도

동지달에도 날씨가 며칠 푸근하면
철없는 개나리는 노란 얼굴 내민다
봄이 오면 꽃샘추위 아랑곳없이
진달래는 곳곳에 소담스럽게 피어난다
피어나는 꽃의 마음을
가냘프다고
억누를 수 있느냐
어두운 땅 속으로 뻗어나가는 뿌리의 힘을
보이지 않는다고
업신여길 수 있느냐
땅에 깊숙이 뿌리 내리고
하늘로 피어오르는 꿈을
드높은 가지 끝에 품은
나무처럼 젊은이들도
힘차게 위로 솟아오르고
조용히 아래로 깊어지며
밝고 넓게 퍼져 나가기를
그러나 행여 잊지 말기를
아무리 높다란 나뭇가지 끝에서
저 들판 너머를 볼 수 있어도

뿌리는 언제나 땅 속에 있고
지하수가 수액이 되어
남모르게 줄기 속을 흐르지 않으면
바람결에 멀리 향냄새 풍기는
아카시아도 라일락도
절대로 피어날 수 없음을

버스를 탄 사람들

책을 든 젊은이들에게서
최루탄 냄새가 난다
대학가를 지나갈 때면
버스를 탄 사람들은
눈을 비비고
재채기를 하고
콧물을 흘리면서도
아무 말 하지 않는다
그들도 옛날에 학교에 다녔다
병역을 필하고
세금을 납부하고
자식들을 기르면서
힘겹게 살아가는
그들은 평범한 시민들이다
젊은이들이 싫어하는 것을
그들도 좋아하지는 않는다
다만 사각형처럼 모난 꼴을
자연스럽게 여길 수 없는
그들은 때묻은 어른들일 뿐이다
구호를 외치고

돌을 던지고
최루탄을 쏘아대는 틈바구니로
입을 손수건으로 막은 채
버스를 타고 가는 사람들
그들은 실없는 구경꾼이나
무관심한 행인이 아니다
이름은 모르지만 낯익은
그들은 결국 누구인가

그가 뚱뚱해지는 이유

그는 교도소에서 10년간 복역한 바 있다.

감옥 속에서 내다보던 바깥 세상은 비교적 자유롭고 또한 적잖은 가능성이 있는 곳이었다.

출옥하던 날은 눈이 내렸다.

정든 죄수들, 그리고 낯익은 옥리들과 헤어져 옥문을 나설 때, 그는 거의 무표정했다.

가슴속에는 그래도 막연한 희망이 숨어 있었다.

그러나 얼마 지나지 않아 세상 사람들은 모두 낯선 옥리들이 되었고, 약삭빠른 모범수들이 되었다.

그는 자기가 원하는 것을 아무것도 할 수 없었다.

바깥 세상 전체가 그에게는 감옥이 된 것이다.

이제는 더 나갈 수 있는 바깥조차 없었다.

교도소에 다시 들어갈 자유마저 잃어버린 그는 집안으로, 방안으로, 아내의 품안으로 들어갔다. 그러나 세상을 벗어날 수 없기는 마찬가지였다.

결국 그는 자신의 안으로 들어가는 수밖에 없었다.

자신의 안으로 들어가려면 자신의 몸이 자기보다 더 커야
만 했다. 그는 자꾸 뚱뚱해졌다.

그런데 자신의 몸이 뚱뚱해지면 자기도 그만큼 커지므로,
그는 아직도 자신의 안으로 들어가지 못하고 있다.

젊은 손수운전자에게

네가 벌써 자동차를 갖게 되었으니
친구들이 부러워할 만도 하다
운전을 배울 때는
어디든지 달려갈 수 있을
네가 대견스러웠다
면허증은 무엇이나 따두는 것이
좋다고 나도 여러 번 말했었지
이제 너는 차를 몰고 달려가는구나
철따라 달라지는 가로수를 보지 못하고
길가의 과일 장수나 생선 장수를 보지 못하고
아픈 애기를 업고 뛰어가는 여인을 보지 못하고
교통 순경과 신호등을 살피면서
앞만 보고 달려가는구나
너의 눈은 빨라지고
너의 마음은 더욱 바빠졌다
앞으로 기름값이 또 오르고
매연이 눈앞을 가려도
너는 차를 두고
걸어다니려 하지 않을 테지
걷거나 뛰고

버스나 지하철을 타고 다니며
남들이 보내는 젊은 나이를 너는
시속 60 km 이상으로 지나가고 있구나
네가 차를 몰고 달려가는 것을 보면
너무 가볍게 멀어져 가는 것 같아
나의 마음이 무거워진다

오늘처럼 추운 날

공장에서 일년내내 똑같은
나사를 죄는 대신
흙 냄새 두엄 냄새 물씬한
텃밭에 고추를 심고
돼지나 키웠으면 좋겠다
숨막히는 지붕밑 방에서 온종일
미싱을 돌리는 대신 차라리
땡볕 내려쬐는 논밭에
농약을 뿌리고 싶다
창문에 모기장 다쇼 외치며
낯선 주택가를 돌아다니고
막힌 하수구를 뚫으려고
골목길 언 땅을 파헤쳐 봤자
일당 몇 푼이 손에 들어오겠느냐
찹쌀떡이나 메밀묵을 사라고
겨울 밤거리를 도부치는 대신
가을걷이가 끝나면
뜨뜻한 안방에 들어앉아
텔레비젼 연속극이나 보면서
겨울 밤을 보내고 싶다

나의 가난한 소원을
누가 어리석다 욕할 것이냐
재수없게 날궂은 때는
막벌이도 할 것이 없어
합숙소 마룻바닥에 엎드려
때묻은 주간지나 뒤적거리고
침침한 변소에 쭈그리고 앉아
고향으로 거짓 안부를 전하는
나의 가련한 신세를
누가 만들었냐고 이제는
다시 묻고 싶지도 않다
용케도 이렇게 견뎌나가는 것이
내게는 아무런 사건도 아니다
나의 사연을 책에 담아
비싸게 팔아먹고
재미있다 킁킁거리며 읽고
목청 가다듬어 노래하는 대신
오늘처럼 추운 날에는
뜨거운 라면이라도 한 그릇
아니면 날품팔이 담배값이라도
제발 깎지나 말아다오

시인과 농부

농사는 천하지대본이라고
노래하기 위하여
당신은 고향을 떠나 왔읍니까
아직도 시골에는 우직한 농민이
시퍼렇게 살아 있다고
알려 주기 위하여
당신은 서울에서 살고 있읍니까
고층 빌딩 사무실에서
농촌 관광 기사를 쓰면서
도시 생활을 저주하고
시골을 그리워하는 것은
바로 당신이 택한 일입니다
정말로 당신다운 시인이 되려거든
차라리 돌아가야 할 것입니다
늙은 아버지 어머니만 남아
메마른 땅에 농약을 뿌리고
돼지를 길러서 밑지고
비닐하우스를 세우는
시골로 돌아가
논밭을 매고

경운기를 몰고
면서기와 싸우고
억울해 한숨 짓고
오래된 유행가를 부르십시오
스스로 시인과 농부가 되어
땀흘리며 노래할 때
당신의 삶은 곧 시가 되지 않겠읍니까

솔고개를 넘어서

1

안 된다 그것만은
양보할 수 없다
절대로 타협할 수 없는
아니 목숨과도 바꿀 수 없는
그것을 위하여
그는 일생을 살았다

그것 때문에
학교를 중퇴하고
부모와 인연을 끊고
아내와 헤어지고
자식을 버리고
직장을 그만두고
감옥에도 몇 차례 들어갔었다
아무것도 두려워 않고
오직 그것만을 믿으며
평생을 버티었다

남들은 그것을 위하여
목숨을 걸지는 않았다
그들이 별을 달고
기업체의 대표가 되고
돈 많은 집과 사돈을 맺고
한 나라의 권력을 잡기도 하는
바로 그럴 나이에
그것을 위하여
그는 죽은 것이다

2

멀리 북녘에서 달려와 멈춘
솔고개 산 중턱 양지바른 자리에
벌써 몇 년 전인가
그는 조그만 무덤이 되었고
그것은 키작은 비석이 되었다
북한강이 넓게 퍼져
조용히 흐르는 곳
그가 태어난 동네에서

꼬마들은 게릴라전 흉내를 내고
강변 유원지 모래톱에서
군인들은 도강 훈련을 한다

생전에 그가 그토록 사랑했던
이름모를 사람들이 휴일을 맞아
오늘은 새옷 입고
트랜지스터 라디오 들고
솔고개 그의 무덤가로 야유회를 왔다
고인의 이름도 모르고
묘비도 사치스럽게 여기는
그들은 무덤가 잔디밭에서
돼지고기를 구어 먹고
축구를 하고
사성 뒤에다 오줌을 누고
소주병을 깨뜨려 버렸다
그들이 쓰레기를 버린 곳마다
억새풀이 시커멓게 우거져서
어느새 그의 무덤을 가린다

허 깨 비

온종일 온갖 모습을 보여 주고
온종일 온갖 소리를 들려 주는
그것 앞에서
언제나 앉아 있는 사람은
온종일 보고
온종일 들을 뿐
아무런 생각도 하지 못한다

혹시 전기가 나간 어느날 밤
촛불을 켜놓고 깨닫게 될까

그것이 아무 소리도 들려 주지 않았고
아무 모습도 보여 주지 않았고
오히려 자기의 귀를 막아 왔고
자기의 눈을 가려 왔고
마침내 자기의 꿈을 빼앗아 갔음을

북한산 언덕길

북한산 언덕길을 올라가노라면
나무와 수풀 우거지고
산새들 우짖는 계곡에
우람한 저택들이 늘어서 있어
달력의 그림 속을 걷는 것 같다
커다란 개가 지키는
이 집들은 대개 문패가 없고
언제나 텅 비어 있다
주인들은 아마 온종일
장터에 나가 돈을 벌고
싸움터에서 피흘리고
자기의 돈과 힘을 지키느라고
집에 올 시간조차 없는 모양이다
아깝다 비어 있는 큰 집들
집에서 일하는 사람들에겐
정작 이런 집이 없구나
집이라면 적어도
지붕은 눈비를 피하고
벽은 바람을 막아야 하는데
집에서 사는 사람들에겐

비바람을 제대로 막을 곳조차 없다
그래도 지붕에서 비가 샐 때는
양동이를 방바닥에 늘어 놓고
한여름을 지내고
벽틈으로 바람이 들어올 때는
옷을 껴입고
연탄 가스와 싸우며
한겨울을 난다
마당도 대문도 없을망정
지저분하고 냄새나는 판자집들
붐비는 골목길은 살아 있다
널찍하게 아스팔트로 포장된
북한산 언덕길을 올라가노라면
아무도 아름다운 경치 내다보지 않고
아무도 맑은 바람 숨쉬지 않고
아무도 새소리 물소리 듣지 않는
음산한 저택들이 늘어서 있어
죽음의 마을을 가는 것 같다

해를 찾아서

공기를 조화시키는
서울 빌딩에 들어가서
잠깐 더위를 피할 수는 있다
혹시 남산 근처라면
매미가 울어대는 한여름
나무 그늘 밑에 들어서서
잠깐 햇볕을 피할 수도 있다
산그늘을 찾고
바닷물에 뛰어드는 것도
마찬가지다 그러나
지붕 위에서
나무 위에서
구름 위에서
밤에는 지구의 저쪽에서
잠도 자지 않고
이글거리는 저 해를
어떻게 피할 수 있을 것인가
숨 막히고
참을 수 없어
도저히 더 견딜 수 없어

차라리 땡볕 아래서 불타
마음만 소금처럼 남겨 놓고
몸은 가뭇없이 사라져 버릴까
할 때쯤 남녘에서
태풍이 불어오고
바겐세일이 또 시작되고
우리는 다시 해를 찾아서
현장으로 나간다

그때는

누가 모르겠는가
누구나 느끼고
누구나 겪은
그것을 누가 모르겠는가

모두가 알면서도 그때는
모르는 체했었다
아무도 말하지 못하고
아무도 쓰지 못한
그것을 이렇게
우리 말로 이야기하고
우리 글로 써서
남겼다

그것을 누가 모르겠는가
이제 와서 쉽게 말하지 말고
생각해 보라 당신은 그때
무엇을 했는가

Ⅳ 늙은 소나무

당일 코스

새벽에 출발했다
아무래도 이 산은 하루에 넘기 힘들 것 같다
그 동안 앞서 떠난 사람을 만나기도 하고
뒤따라오던 사람이 나를 앞지르기도 한다
내가 떠난 뒤에 태어난 사람들이
젊은 목소리로 떠들어대며 어느새
저 아래 계곡을 올라오고 있다
오후 두시쯤 산꼭대기에 이르니
해는 벌써 기울기 시작하고
내려갈 방향을 잡기 힘들다
캄캄한 밤중에나 도착할 수 있을지
길도 없고
절도 보이지 않고
내려간 이들의 소식도 전혀 못 들었다
갈수록 깊고 험한 산이다

봄   길

한 달에 한 번씩
아버지 따라
돌우물 할머니 산소에
성묘 가던 길

봄 가뭄에
진흙먼지 날리는
삼십리 길을
고무신 신고
타박타박 걷노라면
그림자 밟힐 때쯤
풀무골에 닿았지

소달구지 지나가는
객주집 마루에 걸터앉아
잠깐 다리를 쉬며
아버지는 막걸리를 들고
나는 감주를 마셨지

길섶의 종달새

포르릉 머리 스치며
아지랭이처럼 나른한
졸음을 노래하던 곳

꼬리물고 떠오르는
온갖 기억 덧없어
오늘은 가족과 함께
자동차를 타고 달려가는
아스팔트길

時　　祭

가을 아침 안개낀
들판에 누런 볏단들
어깨 비빈다
건너 마을 멀리서
마당질하는 소리

바싹 마른 솔방울로
향로불 지피고
산신제 소나무 아래
강신주를 뿌린다
오대조 할아버지
흙으로 돌아간 자리에
풀이 돋고 잎이 시들기
백 오십 년
가을 봄 거슬러올라가
늘어지게 축문을 읽고
삼헌에 첨작을 끝내면
퇴주가 한 대접

다섯 분상 음복하고

낮술이 거나해져
쓰름매미 울어대는
두멧골로 내려온다
어렸을 적 초가지붕에
불타던 빨간 고추

채석장에서

　이 채석장은 자리를 잘 잡았다.　산 전체가 하나의 커다란 바위로 된 돌산을 벌써 20년째 깎아내고 있으니 말이다.
　다이나마이트를 터뜨릴 때마다 근처 일대의 지반이 온통 흔들리는 것으로 보아, 저 돌산이 얼마나 깊은 뿌리를 가졌는지 도저히 헤아릴 바가 없다.

　돌을 캐냄에 따라 채석장은 이제 덤프트럭 10대가 한꺼번에 드나들 수 있을 만큼 넓어졌고, 돌산의 깎여진 면적도 높다랗게 드러났다.　바위의 속을 보여 주는 이 단면은 밤중에도 허옇게 빛을 낸다.
　여기서 캐낸 돌은 그만한 그림자를 허공에 남기고, 모양에 따라 석재로 다듬어져서 팔려 가거나, 골재로 가공되어 곳곳으로 실려 간다. 그리하여 바위다운 모습을 완전히 잃고, 마침내 돌이 아닌 무엇이 되어 버리는 것이다.

　채석장의 허연 바위와 돌들이 아무래도 내게는 커다란 뼈처럼 보인다.　바위와 돌이 오랜 세월에 걸쳐 채석되고 또는 풍화되어 디딤돌이나 자갈, 혹은 모래로 바뀌고 끝내는 팔고 사는 물건이 되듯, 영혼의 뼈도 자디잘게 부서지며 닳아 버려 마침내는 사라져 버리는 것이 아닐까.

　채석장이 커질수록 인부들은 작아져서 보이지 않고, 바위
를 뚫는 착암기 소리만 더욱 요란해진다.

내 몸을 버텨 주는 뼈를
엑스레이 필름에서 보았을 때
그것은 전혀 내 것 같지 않았다
부러진 갈비뼈는 결코
스테인레스 강철이나
플라스틱이 아니고
또한 하느님이 내려주신
영혼의 재목도 아니었다

멸치와 양미리 가루가
몇 십 년을 쌓이며
굳어져 자란 뼈를
나는 본 적도 없으면서
너무나 믿어 온 것 같다
가루가 모여
굳어진 것은 모두
언젠가 금이 가고 부러지고 부서져
결국 가루가 된다

내 몸을 버텨 주는 뼈도

마침내 가루로 돌아가
눈발처럼 허공에 흩날리다가
어딘가 다시 쌓일 것이다
부러진 갈비뼈도
언젠가 내 것이 아닌
먼지로 여기저기 떠돌면서
나의 아픔을 전혀
기억하지 못할 것이다

뼈는 부러져 나를 떠나고
붐비는 시장과 거리에도
오래 머무는 사람은 없다
모두 서둘러 지나가 버리고
앙상하게 가지만 남은
가로수 사이로
누구의 것도 아닌
바람이 불어 온다

心 電 圖

가을 바람을 타고
잠자리들 날아오른다
나뭇잎들 떨어져도
돌아갈 곳 없는
텃새들의 자지러진 울음 소리
서리가 내리고
날이 일찍 저문다
눈발이 흩날릴 때쯤
철새들의 노래도 그치고
겨울 산은 한밤이 되어
어둡다 답답하다
땅은 깊이 잠들어
해가 떠도 깨어나지 않는다

텃새들의 수다스런 지저귐이
다시 꽃을 피우면
산비둘기 울 때마다
마을이 조금씩 밝아지고
뻐꾸기와 꾀꼬리 노래할 때는
산이 온통 환해진다

쓰르라미와 풀벌레 소리
물처럼 쏟아지는
여름 날 한낮이 되면
나무들의 힘찬 맥박에
땅이 두근거리고
가물거리는 기억 속으로
어제 본 나비가 날아온다

낯익은 구두

1301호 문앞에 오늘은
구두가 한 켤레 놓여 있다
뒤축이 비뚜로 닳고
허옇게 코가 벗겨진
저 낡은 구두는 틀림없이
그가 신던 것이다
어쩌면 그는 젊었을 때
어렵게 농사를 지어
자식들을 키웠을지도 모른다
늙은 아내를 잃은 뒤
그는 억지로 시골을 떠나
아들 집으로 왔을 것이다
그리하여 뉴타운 고층 아파트 구석방에서
죄진 듯 말없이 살게 되었다
손주들은 냄새가 난다고 싫어하고
며느리는 빨래를 하기 귀찮아하고
아들은 바빠서 만날 수도 없었다
밤마다 텔레비젼을 끝날 때까지 보았다
아침에는 뒷산에 올라가
지갑에 든 천원짜리를 세어 보고

농협 저금통장을 들여다보기도 했다
낮에는 13층 베란다에서
우리에 갇힌 여윈 동물처럼
아래를 내려다보았다
승강기에서 누군가 만나면
얼른 눈길을 돌리고
아무 말도 하지 않은 채 그는
이 아파트에서 열 달쯤 살았을 것이다
한번도 인사를 나눈 적 없지만
낯익은 그의 구두가 오늘은
1301호 문 밖에 놓여 있다

이   별

오랫동안 활주로를 달리다가
손 흔드는 환송객들을
몇 번씩 뒤돌아보면서
구식 프로펠러 비행기는
힘겹게 하늘로 날아올랐다
초가집 굴뚝 연기처럼 나지막하게
감돌며 천천히 멀어져 갔다
헤어지면 또 만나겠지
잠깐 활주로를 달리다가
땅을 차고 점보 제트기는
힘차게 솟아오른다
시커먼 매연과 폭음을 남기고
눈깜짝할 사이에 미련 없이
구름 속으로 사라져 버린다 .
그리고 때로는 돌아오지 않는다

효자동 친구

중년이 넘도록
홀어머니 모시고 이제는
머리칼 히끗히끗해진 저 친구

모친상 상장을 옷깃에 달고
쇼핑하러 나와 오늘은
아내와 둘이서
넥타이를 고르고 있구나

저 친구 내외가 결혼한 뒤로
저렇게 홀가분한 모습
환한 얼굴은 처음 본다

옛 선비를 생각함

내가 앉았던 이 자리에도
언젠가 누가 앉겠지
생각할 때부터 어렴풋이
그 소문이 들려 왔다
몇 천년을 두고 끈질기게
전해 오는 것을 보면
재산과 가족과 목숨을 버리고
그 소문을 따르는 사람들을 보면
그리고 뼈만 남은 두 손으로 소중히
그 소문을 믿는 노인들을 보면
그 파다한 소문이 한갓
거짓말이라고만 할 수도 없다
그러나 지금 이곳에 살지 않는다면
그 소문만 좇아
언제 어디를 떠날 수 있으며
떠나지 않는다면
어디로 가서
어떻게 도착할 수 있을 것인가
우리가 살고 있는 이 통네에도
언젠가 다른 사람들이 살게 되겠지

느낄 때마다 공허하게
죽은 뒤를 약속하는
그 소문 대신
이미 죽어 버린 옛 선비가 떠오른다
이마가 넓고
키가 컸던 그 선비는
수염을 길게 기르고
거문고를 타면서
유장한 노래를 불렀다고 한다
노래를 좋아하고
시를 사랑했던 그의 가난한 생애가
평범한 기록으로 남아
오늘도 나를 침묵시킨다

늙은 소나무

새마을 회관 앞마당에서
자연보호를 받고 있는
늙은 소나무
시원한 그림자 드리우고
바람의 몸짓 보여 주며
백여 년을 변함없이 너는
그 자리에 서 있었다
송진마저 말라 버린 몸통을 보면
뿌리가 아플 때도 되었는데
너의 고달픔 짐작도 못 하고 회원들은
시멘트로 밑둥을 싸바르고
주사까지 놓으면서
그냥 서 있으라고 한다
아무리 바람직하지 못하다 해도
늙음은 가장 자연스러운 일
오래간만에 털썩 주저앉아 너도
한번 쉬고 싶을 것이다
쉬었다가 다시 일어나기에
몇 백년이 걸릴지 모르겠지만
너의 졸음을 누가 막을 수 있으랴

백여 년 동안 뜨고 있던
푸른 눈을 감으며
끝내 서서 잠드는구나
가지마다 붉게 시드는
늙은 소나무

그

아득한 옛 조상처럼 하얗게
늙은 그를 만나려면
물론 돈이나 빽으로는 안 된다
냉난방이 된 쾌적한 실내에서
편안한 의자에 앉아 기도하고
고운 목소리로 노래하면서
그의 곁에 갈 수는 없다
아무리 성능 좋은 자동차라도
달려갈 수 없는 곳에
그는 있기 때문이다

정말로 그를 만나려면
맨몸으로 걸어가는 수밖에 없다
전혀 포장이 되어 있지 않은
자갈밭이나 진흙길을 땀흘리며
두 발로 걸어가야만 한다
발이 부르트면 길가에 주저앉고
절룩거리며 고개를 넘어
저녁 노을을 바라보다가
여울물 움켜 마시고

이정표도 없는 밤길을 한 발짝씩
무겁게 걸음 옮겨놓고
넘어지면 더듬더듬 기어가야만 한다

그리하여 그의 곁에 도달한다면
온갖 지식과 재산 쓸데 없고
모든 노래와 기도 필요 없고
마침내 그를 만나 기뻐하는 대신
그가 누구인지도 모른 채
그의 곁에 쓰러져
다시는 일어날 수 없는
끝없는 잠에 빠질 것이다

제사를 지내며

지방 옆 사진틀 속에서
늙지 않는 조상이 웃고 있다
자손을 닮은 혼백이 들
시접과 술잔
왼쪽에는 국수 오른쪽에는 떡
푸짐한 술안주는 둘째 줄에 있다
닭점은 가운데 어적은 동쪽 산적은 서쪽
그 앞에 탕이 세 그릇
네째 줄에는 간장을 가운데 두고
김치와 나물 양편에 촛대
왼쪽 끝에는 포 오른쪽 끝에는 식혜
마지막 줄은 어린 손자들을 위하여
동쪽의 대추와 서쪽의 밤 사이에
오화당 산자 강정 다식 들
제상 가득히 진설해 놓고
분향에서 사신까지
제사를 지내며 살펴보니
오래된 가례일망정
요즘의 절차와 다를 바 없다
죽음이야말로 가장 큰 행사인데
이것을 깨닫기에 40년이 걸리다니

천 년 후

경주로 가는 길가에는
미류나무 잎사귀들이
바람에 흔들리며
반짝거린다
매미가 울어대던 날들
아득한 햇빛이 쌓여
황금이 된 왕관에는
오랜 중력을 견디며
신라의 나뭇잎들이
아직도 매달려 있다
천 년 전에도 그러니까
지금처럼 나무가 있고
바람이 불고
왕관이 있었구나

김형 우리가 죽더라도

당신이 아니더라도 김형
죽어야 할 사람은 많다
이웃을 억눌러 괴롭히고
형제의 목숨을 빼앗아가고
말끝마다 평화를 내세우며
총칼을 들이대는 사람들 이 세상
곳곳에서 흥청거리고 있지 않느냐
그날 초여름 비 개인 날
뻐꾸기 소리 맑게 들리던 아침
당신이 깨어나지 못한 것은
죽음의 가스 때문만이 아니다
지나간 반 세기의 아픔
함께 겪고
4백 억의 빚을 걸머진 채
최루탄과 구호들 가운데서
힘겹게 늙어 가는 우리들의 무관심도
당신을 조금씩 죽인 셈이다
빛깔도 냄새도 없이
발목을 휘어감고 어느새
무릎까지 차올라오는 세월의 거품을

끝내 벗어날 길은 없지만
보라 당신의 뜻을 펼치고
이어가기 위하여
젊은 물결이 밀려오고 있지 않느냐
김형 우리가 죽더라도
태어날 사람은 많다

삶과 詩的 인식

吳　生　根

金光圭의 시는 투명하다. 혼란스럽지 않은 시적 이미지가 그렇고, 정제된 언어의 표현이 그렇다. 그의 투명한 시를 들여다보면 어떤 지적 엄격성과 예술가적 의식의 명료성이 엿보인다. 이러한 투명성은 그의 시적 재능과 비판적 지성이 균형있게 조화를 이룬 결과일 것이다. 거기에는 자아와 세계 사이의 관계에서 적절한 비판적 거리를 유지하려는 사람의 자기 통제력이 있다. 그 힘에 의존해서 그의 시적 자아는 보편성을 얻는다. 그는 일인칭의 시를 쓸 경우에도 개인적 서정성에 함몰하거나 자기 자신의 감정을 과장하는 낭만주의자의 목소리를 보이는 법이 없다. 그의 투명한 시에서 독자인 우리의 모습을 비쳐보고, 시인의 자아와 공감하게 되는 현상은 자연스럽다.

다시 태어날 수 없어
마음이 무거운 날은
편안한 집을 떠나
산으로 간다
〔………〕
나뭇가지에 사뿐히 내려앉을 수 없고
바위 틈에 엎드려 잠잘 수 없고

낙엽과 함께 썩어 버릴 수 없어
산에서 살고 싶은 마음
남겨둔 채 떠난다 그리고
크낙산에서 돌아온 날은
이름없는 작은 산이 되어
집에서 마을에서
다시 태어난다
                              ——「크낙산의 마음」

안일한 일상의 삶과 그 삶의 굴레로부터 빠져나와 다시 시작
하는 삶의 의지를 명료한 이미지로 드러낸 이 시에서 〈이름
없는 작은 산이 되어〉라는 시적 표현은 깊은 의미를 내포하
고 있다. 삶에 대한 바른 자세를 추구하는 이러한 시인의 마
음은 때로는 자기 비판과 부끄러움을 동반하기도 한다.

　　홰나무를 바라보면 지금도 그 거대한 나무를 만지고 싶고, 그
　나무에 기대고 싶고, 기어 올라가고 싶고, 때로는 그 나무의 뿌
　리나 가지가 되고 싶어진다. 그리고 부리나케 걸음을 재촉하거
　나, 택시를 타고 그 앞을 지나갈 때면, 부끄러운 느낌이 든다.
　　왜냐하면 움직이는 것은 바로 저 홰나무이고, 예나 이제나 한
　자리에 서 있는 것은 정작 나 자신이라는 생각이 자꾸 떠 오르
　기 때문이다.
                              ——「홰나무」

사람은 자연이라는 거울을 비춰보면서 삶의 지혜를 배울 수
있다는 것을 시인은 잘 알고 있다. 金光圭의 많은 시에서 나
타나는 식물적 이미지의 특성이 그렇듯이, 식물적 이미지는
자연의 질서 혹은 세계의 질서에 순응하여 살려는 의지를 반
영하지 않고 역동적인 삶의 의지와 결부되어 있다. 나무처럼
살고 싶다는 것은 고정된 삶의 뿌리를 내리고 싶다는 것이 아
니라 움직이고 변모하는 삶을 갖고 싶다는 희원을 반영한다.
「나무처럼 젊은이들도」에서의 식물적 이미지 역시 그러한 역

동성의 의미와 결부되어 있다. 그러므로 아무도 〈피어나는 꽃의 마음을〉 억누를 수 없고, 아무도 〈어두운 땅 속으로 뻗어나가는 뿌리의 힘을〉 업신여길 수 없다는 믿음은 단호한 어조로 표현되어 있다. 식물적 이미지를 통해서 드러나는 이러한 건강한 삶의 의지야말로 쉽게 절망하지 않고 어두운 세계의 진실을 꿰뚫어볼 수 있는 정신적 태도의 원동력이 된다.

그의 시적 자아는 결코 세계 앞에서 자아를 함몰시키는 허무주의적 태도를 취하지도 않고, 세계를 부정하고 파괴하려는 몸짓을 과장하지도 않는다. 단순화시켜 말한다면 그것은 바로 삶의 의지와 관련되어 있다. 그의 시를 읽으면서 우리가 이 세계를 부정한다거나 떠나고 싶은 생각을 갖기보다 이 세계를 긍정하고 우리의 바른 삶으로 되돌아오고 싶은 생각을 갖게 되는 것도 그의 근본적인 시적 태도가 삶의 의지에서 비롯해 있기 때문이다. 이러한 의지로 그는 혼란된 세계에 질서를 부여한다. 그것은 혼란된 세계를 혼란스럽지 않은 것처럼 인위적 질서를 부여하는 태도가 아니라 그 혼란 속에서 질서를 파악하고 질서를 창조하려는 명증한 의식의 태도이며, 또한 그것은 바로 절망의 땅에 희망을 불어넣으려는 의지이기도 하다. 그런 점에서 그는 결코 절망의 시인이 아니라 희망의 시인이다. 〈열기 위해서가 아니라/닫기 위해서 있는/드나들기 위해서가 아니라/가로막기 위해서 있는〉 문(「새문」)을 허물고, 〈누구나 드나들 수 있는 그런 문〉을 만들자고 말할 때라거나 〈당신의 뜻을 펼치고/이어가기 위하여/젊은 물결이 밀려오고 있지 않느냐〉(「김형 우리가 죽더라도」)라고 말하는 데서 우리는 그의 희망의 의지를 발견하게 된다.

그는 대조법을 잘 구사하는 시인이다. 하나의 현상이 갖고 있는 복합적인 면과 대립된 양상을 파악하는 데 익숙해 있는 시인의 시적 표현이 그렇듯이, 그에게서 대비적 표현은 대상의 특징을 선명하게 드러내는 데 효과적으로 사용된다. 빛과 어둠, 전통과 현대, 희망과 절망, 〈뉴스위크를 읽는〉 안경 쓴 어른들과 탈춤을 배우는 〈청바지 입은 아이들〉 등의 대비적 관찰은 삶의 대립적 양면성이나, 우리가 얻으면서 잃는 것이 무엇인지를 복합적으로 성찰하는 사람의 시각이다. 사람들의 통행이 빈번한 교차로나 지하도 근처에서 묵직한 가방을 들고 다니는 학생들이 수난을 겪는 현실적 풍경을 묘사한 「보따리나 가방을 든 경우」에서, 시인은 〈아무것도 들지 않고/맨손으로 다니는 학생일수록〉 〈머리와 가슴속이/텅 비어 있어/위험하고 의심스럽다〉고 역설적인 진실을 말한다. 무거움과 가벼움, 충만과 공허, 안심과 위험 등의 대조적 요소들은 지극히 일상적인 것처럼 되어 버린 정치적 현실의 풍경을 적절하게 포착한 시인의 시선에 의해 현실의 아이러니를 날카롭게 드러내는 데 기여하고 있다. 이러한 대조적 표현이 「북한산 언덕길」에서는 〈언제나 텅 비어〉 있는 우람한 저택들과 〈지저분하고 냄새나는 판자집〉들로 대비되어 있다. 「옹달샘」이란 시 역시 그러한 표현의 한 예가 될 수 있다.

> 오늘은 코카콜라 대신
> 물을 마신다
> [·········]
> 맑은 물에 나뭇잎 띄우고
> 마음 나누던 사람들
> 가 버린 지 오랜 샘터에서
> 오늘은 석유 묻은 손으로
> 물을 마신다
>
> ——「옹달샘」

이미지의 투명성, 논리의 명료성이 뚜렷이 드러나 있는 이 시는 시인의 시적 관심 가운데 큰 부분을 차지하고 있는 주제의 하나인 현대적 삶의 황폐함을 표현한다. 편리한 물질적 생활을 누리고 살지만, 〈맑은 물에 나뭇잎 띄우고/마음 나누던 사람들〉은 사라져 버렸다. 金光圭는 이처럼 현대적 삶의 형태 속에서 우리가 잃어버리는 마음을 여러 가지로 표현한다. 「겨울 밤」에서 〈자동차 소리 시끄럽고/가로등 환한 아파트촌의/겨울 밤/난방은 잘 들어오고/스틸 도어는 굳게 잠겼지만/까닭 없이 자꾸 두려운 마음〉이 느껴지는 까닭도 뿌리를 잃은 현대인의 공허감 때문이다. 컴퓨터·전자 두뇌·반도체·고급 호텔·오너드라이버·엘리베이터·고급 승용차·플라스틱·스테인레스 강철·텔레비전·고층 빌딩·고층 아파트 등은 시인이 비판적 시선으로 바라보는 현대적 삶의 요소들이다. 특히 텔레비전은 〈허깨비〉이다. 또한 「젊은 손수운전자에게」에서 〈철따라 달라지는 가로수를 보지 못하고/길가의 과일 장수나 생선 장수를 보지 못하고/아픈 애기를 업고 뛰어가는 여인을 보지 못하고/교통 순경과 신호등을 살피면서/앞만 보고 달려〉간다는 표현은 개인주의적이고 이기적인 현대의 삶의 풍속을 예리하게 지적한 것이다. 자연을 혹은 자연에 대한 관심을 상실하고 살아가는 삶이 인간적인 삶일 수 없으며 이웃과 사회에 대한 관심이 배제된 삶의 태도가 올바른 삶의 태도일 수 없다. 사람이 사람답게 살아갈 수 있어야 한다는 지극히 단순하면서도 잊어버리기 쉬운 진리는 金光圭의 시에서 거듭 강조되어 있는 것이다. 그의 이웃과 사회에 대한 관심이 늘 열려 있는 것도 그런 관점에서 이해될 수 있다.

　남편이 외국에서 고생하는 생각을 하면 잠이 오지 않는다고 이웃집 아주머니는 말했다. 그래도 친목계에 부지런히 나가면서 집을 늘리고 자동차 운전까지 배워두웠다. 남편이 돌아올 날만 기다리던 그녀는 어느날 갑자기 쓰러졌다. 그 집 아들이 데모를 하다가 붙잡혀간 것을 나는 몰랐었다.

    누이는 봉제 공장 직공으로 하루에 3교대로 일한다. 잔업을
마치고 숙소에 돌아오면 잠자기도 바쁘다. 연애할 시간도 없다.
    형은 무역회사 세일즈맨으로 하루 14시간을 뛰어다니고, 밤
에는 나무토막처럼 쓰러져 꿈 없는 잠을 잔다. 무엇 때문에 살고
있는가 생각해 볼 틈도 없다.
    누이가 만들고 형이 판매하는 제품들이 그렇게 싼 값으로 팔
리는지 나는 몰랐었다.   ——「이 세상에서 일어나는 일」

    金光圭의 이야기 시로서의 개성과 산문적 성격의 시 혹은
산문적 문체의 특징이 잘 드러나 있는 위의 시는 「이 세상에
서 일어나는 일」 중에서 〈꼭 알아야 할 일〉을 말한다. 그것
은 어떤 거창한 명분을 제시하면서 이웃과 사회에 대한 관
심을 역설하려는 것이 아니다. 그것은 오히려 우리의 개인적
삶이 아무리 개인적이라도 결코 개인적으로 끝날 수 없다는,
즉 그만큼 개인적 삶은 알게 모르게 사회적 문제나 역사의
흐름과 밀접히 관련되어 있다는 것을 말하고 있다. 위의 시
에서 화자는 〈나는 몰랐었다〉는 평범한 인식의 체험을 표현
하는 듯하면서, 사회적 모순과 부조리의 문제가 남의 일이 아
니라 바로 우리의 일임을 조용히 부각시킨다. 그런 점에서
그는 사회학적 상상력이 풍부한 시인이다. 그는 〈책을 든 젊
은이들에게서/최루탄 냄새〉를 맡기도 하며, 〈혁명을 일으킨
자들은/언제나 혁명을 가장 두려워하고/천성이 책을 좋아하
지 않아/훌륭한 책을 읽는 대신/금지할 책을 골라낸다〉는 예
지를 보이기도 한다. 金光圭의 사회 의식 혹은 역사 의식의
발로라고 볼 수 있는 시적 표현은 적지 않다.

    언제부터인가

4월은 해마다 오기만 하고
가지 않는다
진달래 개나리 곳곳에 피어나고
라일락 향기 깊어지면
찢어져 바랜 깃발 다시 펄럭이고
옛날에 다친 허리 뜨끔거린다
멍든 뼈 마디마디 쑤시고
말라 붙은 검은 상처에서
피가 다시 흐른다   ——「사오월」

사오월은 봄의 달이라기보다 역사의 달이다. 진달래, 개나리 피어나고 라일락 향기 깊어지는 그 화사한 계절에 아픈 상처가 재발하는 까닭은 그 계절이 시민들의 가슴속의 아픔을 상기시켰기 때문이 아니라 그 계절의 정치적 체험이 풀지 못한 恨처럼 남아 있기 때문이다. 〈찢어져 바랜 깃발 다시 펄럭이고〉에서 알 수 있듯이 자유와 민주주의에 대한 타는 듯한 갈망은 어떤 시련에도 불구하고 언제나 다시 살아 있다는 것을 보여 준다. 또한 이 시의 후반부에서 〈수의도 못 입은 시체들이 일어선다〉는 섬찟한 표현은 피의 오월이 갖는 역사적 의미를 충분히 일깨우고 있다. 金光圭의 정치 의식이나 사회 의식은 이처럼 예리하게 표출되지만, 대부분의 경우 그것은 절제된 감정을 동반한다. 흥분하지 않는 목소리, 절규나 넋두리가 보이지 않는 그 목소리에서 우리는 답답함을 느끼기보다 두터운 신뢰감을 갖게 된다. 우리의 사회에서 흔히 볼 수 있는 겉치레나 허구성, 일시적인 눈가림이 얼마나 비인간적인 것인가를 비판한 「시월의 거리」에서도 그는 흥분하지 않는 절제의 감정을 보인다. 그러한 감정의 표현은 이 시의 마지막 부분에서 인상적으로 부각되어 있다.

　　집이 없는 사람들, 빚을 얻을 수도 없는 사람들, 하루 벌어

하루를 살다가 거리에서조차 쫓겨난 사람들은 이제 올림픽 복권
을 더 많이 사는 수밖에 없게 되었다.

　가난한 사람들, 길거리에서 삶의 터전을 마련할 수밖에 없
었던 사람들에 대한 애정과 연대감은 그의 시 여러 부분에서
확인되고 있다.　이 시의 끝부분에서 그들이 〈거리에서조차
쫓겨난〉 현실에 대해 시인으로서 느낄 수 있는 소박한 분노의
감정은 아이러니로 전환된다.　그러므로 〈거리에서조차 쫓겨난
사람들은 이제 올림픽 복권을 더 많이 사는 수밖에 없게 되었
다〉는 역설적인 결론이야말로 金光圭의 산문시가 어떻게 해
서 산문적인 서술과 구별되는지를 증명하고 있다. 사회적 현
실에 대한 시인 특유의 아이러니를 통해, 그의 시는 평면적
인 산문성으로부터 수직적인 시의 진실로 상승하는 효과를
얻기 때문이다. 그것은 자아와 세계와의 관계에서 긴장된 역
동적 거리를 유지할 수 있는 정신적 태도의 소산이기도 하다.
　사회의 여러 측면에서 소외된 사람들에 대한 이러한 관심
과 마찬가지로 그는 남들이 주목하지 않고 지나쳐 버리는 대
상에 대해 섬세한 애정을 표현한다. 사람들이 크고, 화려하
고, 유명한 것을 추구하는 세상에서 그는 작고, 소박하고,
이름없는 것의 아름다움을 노래하고, 그 아름다움을 발견했
을 때의 기쁨을 노래한다.

　　　산등성이 비탈에
　　　키작은 참나무 한 그루　　　　　　　　　　　──「살　피」

　　　전혀 알려지지 않은
　　　조그만 수채화 하나를
　　　어느 소도시의 미술관에서
　　　우연히 만났을 때 나는
　　　오롯한 기쁨에 잠겨

혼자서 오랫동안 바라보았다   ——「그림」

　어느 도공의 집 헛간에서
　발길에 채이며 뒹굴었던
　바로 이 못생긴 4각 향로 하나가
　그 오랜 세월을 견디며
　오늘까지 이 땅에 살아 남아
　찌그러진 모습 속에
　고려의 하늘을 담고 있구나   ——「옛 향로 앞에서」

〈키작은 참나무〉, 〈조그만 수채화〉, 〈못생긴 4각 향로〉 앞
에서 시인은 작은, 〈오롯한 기쁨〉을 느낀다. 작은 것이 모두
아름다와서가 아니라, 작고 보잘것없는 것에서 아름다움을
발견하는 마음이 있기 때문이다. 대상과 세계 앞에서 시인은
적절한 비판적 거리를 유지한다고 했는데, 그러한 거리는 또
한 사랑의 감정으로 연결된 거리일 것이다. 사랑의 표현 방
식이 여러 가지이겠지만, 金光圭식의 사랑이란 대상을 완전
히 소유하려든다거나 대상과의 빈틈 없는 합일을 꿈꾸는 그러
한 사랑도 아니며, 그렇다고 긴장하며 탐색하고 대립하는 사
랑도 아니다. 은밀한 기쁨, 작은 것에서 느끼는 행복, 일상
속에서 늘 새롭게 눈뜨는 진실, 소박한 진실의 발견 등이 그
의 사랑의 내용을 이루는 것처럼 보인다. 그것은 감동하는
격정적 사랑이 아니라 공감하는 사랑이다. 사람과 대상에 대
한 그러한 애정이 있는 한 그는 그의 생활 어느 곳에서든 시
의 요소를 만들어낼 수 있을 것이다.

그는 완전한 것을 추구하거나, 빈틈 없는 질서를 동경하는
사람이 아니다. 〈구름 한점 없이 파란 가을 하늘은 허전하다〉
거나, 〈구름 한점 없이 파란 가을 하늘은 두렵다〉고 말하는
「가을 하늘」에서 그의 이러한 성향이 잘 드러나 있다. 말라르
메와 같은 상징주의 시인들에게서 절대와 이상의 세계를 상

징하는 파란 하늘이 그에게 허전하고 두려운 감정을 주는 것
은 그것이 창조자인 시인에게 강박 관념으로 작용해서가 아
니다. 그가 추구하는 것은 어떤 절대의 세계도 아니며 완전
한 이상의 세계도 아니기 때문이다. 그는 파란 하늘을 동경
하기보다 불완전하고 지저분한 이 땅 위의 삶을 지향한다. 그
가 꿈꾸는 땅의 질서는 「끝내기」나 「넓고 큰 하늘」에서 잘 암
시되어 있듯이, 〈제자리에 있어야 할 사람이 제자리에 있는〉
질서이며, 시작과 끝이 순리대로 돌아가는 질서이다. 그러나
이 땅의 질서는 사람들의 천박한 욕심 때문에 종종 어지럽혀
진다. 〈목숨걸고 잡은 힘과 돈도/얼마쯤 남겨 놓은 채/이처
럼 버릴 수 있다면/버리고 떠날 수 있다면〉(「남겨 놓기」) 좋
으련만, 이만한 지혜를 터득하고 살기가 그렇게 어려운 것일
까?

　金光圭의 시는 이 땅에 살기 위하여 쓰는 시인의 시다. 그
의 시가 비천한 현실을 파괴하고 해체하려들기보다 현실을 적
절히 비판하고 진정한 삶을 긍정하려는 것은 그런 까닭에서
이다. 삶을 긍정하는 그의 태도가 현실을 미화시키거나 왜곡
하는 것이 아니라 정직하고 철저하게 그 현실의 모순을 제시
하는 일임은 분명한 사실이다. 그의 시가 늘 일상적 세계로부
터 출발하고 일상적 세계 속에서 진실을 추구하는 한, 그것
은 많은 사람들에게 비속하고 모순된 삶을 부정하고 다시 긍
정으로 전환시킬 수 있게 하는 힘을 준다.

문학과지성 시인선 50
크낙산의 마음

초판 1쇄 발행 / 1986년 7월 20일
초판 7쇄 발행 / 2000년 9월 1일

지은이 / 김광규
펴낸이 / 채호기
펴낸곳 / (주)문학과지성사
등록번호 / 제10-918호(1993. 12. 16)

서울 마포구 서교동 363-12호 무원빌딩(121-838)
편집: 338)7224~5 · 7266~7 FAX 323)4180
영업: 338)7222~3 · 7245 FAX 338)7221
홈페이지/ www.moonji.com

ⓒ 김광규, 1986. Printed in Seoul, Korea
ISBN 89-320-0271-1

값 5,000원